卞尺丹几乙し丹卞と

Translated Language Learning

Prince Hyacinth and the Dear Little Princess

Prens Sümbül ve Sevgili Küçük Prenses
Jeanne-Marie Leprince de Beaumont

English / Türkçe

Copyright © 2022 Tranzlaty
All rights reserved
Published by Tranzlaty
Prince Hyacinth and the Dear Little Princess
Prens Sümbül ve Sevgili Küçük Prenses
ISBN: 978-1-83566-123-9
Original text by Jeanne-Marie Leprince de Beaumont
Le Prince Désir
First published in French in 1756
Taken from The Blue Fairy Book (Andrew Lang)
www.tranzlaty.com

Prince Hyacinth and the Dear Little Princess
Prens Sümbül ve Sevgili Küçük Prenses

***

Once upon a time there lived a king
Bir zamanlar orada bir kral yaşıyordu
this king was deeply in love with a princess
Bu kral bir prensese derinden aşıktı
but she could not marry anyone
ama kimseyle evlenemedi
because she had been enchanted
çünkü büyülenmişti
So the King set out to seek a fairy
Böylece Kral bir peri aramaya koyuldu
he asked how he could win the Princess's love
Prensesin sevgisini nasıl kazanabileceğini sordu
The Fairy said to him, "You know that the Princess has a great cat"
Peri ona, "Prensesin harika bir kedisi olduğunu biliyorsun" dedi.
"she is very fond of this cat"
"Bu kediye çok düşkün"
"and there is a man she is destined to marry"
"Ve evlenmeye yazgılı olduğu bir adam var"
"Whoever is clever enough to tread on her cat's tail"
"Kim kedisinin kuyruğuna basacak kadar zekiyse"
"that is the man she will marry"
"Evleneceği adam bu"

he thanked the fairy and left
periye teşekkür etti ve ayrıldı
"this should not be so difficult" the king thought to himself
"Bu o kadar da zor olmamalı" diye düşündü kral kendi kendine;
he would do more than step on the cat's tail
kedinin kuyruğuna basmaktan daha fazlasını yapardı
he was determined to grind the cat's tail into powder
kedinin kuyruğunu toz haline getirmeye kararlıydı
soon he went to see the Princess
yakında prensesi görmeye gitti
of course really he wanted to see the cat
Tabii ki gerçekten kediyi görmek istiyordu
as usual, the cat walked around in front of him
Her zamanki gibi, kedi önünde dolaştı
he arched his back and miowed
sırtını kemerledi ve miyavladı
The King took a long step towards the cat
Kral kediye doğru uzun bir adım attı
and he thought he had the tail under his foot
ve kuyruğu ayağının altında tuttuğunu düşündü

but the cat made a sudden move
Ama kedi ani bir hamle yaptı
and the king trod on nothing but air
ve kral havadan başka bir şeye basmadı
so it went on for eight days
Böylece sekiz gün boyunca devam etti
the King began to think the cat knew his plan
Kral, kedinin planını bildiğini düşünmeye başladı
his tail was never still for a moment
kuyruğu bir an bile hareketsiz kalmadı

At last, however, the king was in luck
Ancak sonunda kral şanslıydı
he had found the cat fast asleep
kediyi hızlı bir şekilde uyurken bulmuştu
and his tail was conveniently spread out
ve kuyruğu rahatça yayılmıştı
the king did not lose any time before he acted
Kral harekete geçmeden önce hiç zaman kaybetmedi
and he put his foot right on the cat's tail
ve ayağını kedinin kuyruğuna koydu
With one terrific yell the cat sprang up
Müthiş bir bağırışla kedi fırladı
the cat instantly changed into a tall man
kedi anında uzun boylu bir adama dönüştü
he fixed his angry eyes upon the King
kızgın gözlerini Kral'a dikti
"You shall marry the Princess"
"Prensesle evleneceksin"
"because you have been able to break the enchantment"
"Çünkü büyüyü kırmayı başardın"
"but I will have my revenge"
"Ama intikamımı alacağım"

"You shall have a son"
"Bir oğlun olacak"
"but you will not have a happy son"
"Ama mutlu bir oğlun olmayacak"
"the only way he can be happy is if finds out that his nose is too long"
"Mutlu olabilmesinin tek yolu burnunun çok uzun olduğunu öğrenmesidir"
"but you can't tell anyone about this"
"Ama bunu kimseye anlatamazsın"
"if you tell anyone, you shall vanish away instantly"
"Birine söylersen, anında yok olup gidersin"
"and no one shall ever see you or hear of you again"
"Ve kimse seni bir daha göremeyecek ya da duymayacak."
the King was afraid of the enchanter
Kral büyüleyiciden korkuyordu
but he could not help laughing at this threat
ama bu tehdide gülmekten kendini alamadı
"If my son has such a long nose, he is bound to see it"
"Oğlumun bu kadar uzun bir burnu varsa, onu görmek zorundadır"
"unless he is blind" he said to himself
"Kör olmadığı sürece," dedi kendi kendine
But the enchanter had already vanished
Ama büyüleyici, çoktan ortadan kaybolmuştu;
so he did not waste any more time in thinking
böylece düşünmek için daha fazla zaman kaybetmedi
instead he went to seek the Princess
bunun yerine prensesi aramaya gitti
and very soon she consented to marry him
ve çok geçmeden onunla evlenmeyi kabul etti

the king did not have much from his marriage, however
Ancak kralın evliliğinden fazla bir şeyi yoktu
they had not been married long when the King died
Kral öldüğünde uzun zamandır evli değillerdi
and the Queen had nothing left to care for but her little son
ve Kraliçe'nin küçük oğlundan başka bakacak bir şeyi kalmamıştı
she had called him Hyacinth
ona Sümbül demişti
The little Prince had large blue eyes
Küçük Prens'in iri mavi gözleri vardı
they were the prettiest eyes in the world
onlar dünyanın en güzel gözleriydi
and he had a sweet little mouth
Ve tatlı küçük bir ağzı vardı
but, alas! his nose was enormous
ama, ne yazık ki! burnu muazzamdı
it covered half his face
yüzünün yarısını kapladı
The Queen was inconsolable when she saw his great nose
Kraliçe onun büyük burnunu görünce teselli edilemezdi
her ladies tried to comfort the queen
hanımları kraliçeyi teselli etmeye çalıştı
"it is not really as large as it looks"
"Gerçekten göründüğü kadar büyük değil"
"it is an admirable Roman nose"
"takdire şayan bir Roma burnu"
"all the great heroes had large noses"
"Bütün büyük kahramanların büyük burunları vardı"
The Queen was devoted to her baby
Kraliçe kendini bebeğine adamıştı

and she was pleased with what they told her
ve ona söylediklerinden memnun kaldı
she looked at Hyacinth again
tekrar Sümbül'e baktı
and his nose didn't seem so large anymore
ve burnu artık o kadar da büyük görünmüyordu
The Prince was brought up with great care
Prens büyük bir özenle yetiştirildi
they waited for him to be able to speak
konuşabilmesini beklediler
and then they started to tell him all sorts of stories:
Ve sonra ona her türlü hikayeyi anlatmaya başladılar:
"don't trust people with short noses"
"Kısa burunlu insanlara güvenmeyin"
"big noses are a sign of intelligence"
"Büyük burunlar zekanın bir işaretidir"
"short nosed people don't have a soul"
"Kısa burunlu insanların ruhu yoktur"
they said anything they could think of to praise his big nose
Büyük burnunu övmek için düşünebilecekleri her şeyi söylediler
only those with similar noses were allowed to come near him
sadece benzer burunlu olanların yanına gelmesine izin verildi
the courtiers even pulled their own babies' noses
saray mensupları kendi bebeklerinin burunlarını bile çektiler
they thought this would get them into favour with the Queen
bunun onları Kraliçe'nin lehine çevireceğini düşünüyorlardı

But pulling their noses didn't help much
Ama burunlarını çekmek pek yardımcı olmadı
their noses wouldn't grow as big as the prince's
burunları prensinki kadar büyümeyecekti
When he grew sensible he learned history
Aklı başında olunca tarihi öğrendi
great princes and beautiful princesses were spoken of
Büyük prensler ve güzel prensesler hakkında konuşuldu
and his teachers always took care to tell him that they had long noses
ve öğretmenleri ona her zaman uzun burunları olduğunu söylemeye özen gösterdiler
His room was hung with pictures of people with very large noses
Odasına çok büyük burunlu insanların resimleri asılıydı
and the Prince grew up convinced that a long nose was a thing of beauty
ve Prens uzun bir burnun güzel bir şey olduğuna ikna olarak büyüdü
he would not have liked to have had a shorter nose
daha kısa bir burnu olmasını istemezdi

soon the prince would be twenty
yakında prens yirmi yaşına girecekti
so the Queen thought it was time that he got married
bu yüzden Kraliçe evlenme zamanının geldiğini düşündü
she brought several portraits of the princesses for him to see
görmesi için prenseslerin birkaç portresini getirdi
and among the portraits was a picture of the dear little Princess!
ve portreler arasında sevgili küçük prensesin bir resmi vardı!

it should be mentioned that she was the daughter of a great king
Büyük bir kralın kızı olduğu belirtilmelidir
some day she would possess several kingdoms herself
Bir gün kendisi de birkaç krallığa sahip olacaktı
but Prince Hyacinth didn't think so much about this
ama Prens Sümbül bu konuda çok fazla düşünmedi
he was most of all struck with her beauty
en çok da onun güzelliğinden etkilenmişti
however, she had a little button nose
Ancak, küçük bir düğme burnu vardı
but it was was the prettiest nose possible
ama mümkün olan en güzel burundu
the courtiers had gotten into a habit of laughing at little noses
saray mensupları küçük burunlara gülmeyi alışkanlık haline getirmişlerdi
it was very embarrassing when they laughed at the princess' nose
prensesin burnuna güldüklerinde çok utanç vericiydi
the prince did not appreciate this at all
Prens bunu hiç takdir etmedi
he failed to see the humour in it
içindeki mizahı göremedi
in fact, he banished two of his courtiers
Aslında, saray mensuplarından ikisini sürgüne gönderdi
because they mentioned the princess' little nose
çünkü prensesin küçük burnundan bahsettiler
The others took this as a warning
Diğerleri bunu bir uyarı olarak aldı
they learned to think twice before they spoke
Konuşmadan önce iki kez düşünmeyi öğrendiler
and they one even went so far as to redefine beauty

ve hatta güzelliği yeniden tanımlayacak kadar ileri gittiler
"a man is nothing without a big fat nose"
"Büyük şişman bir burun olmadan bir adam hiçbir şeydir"
"but a woman's beauty is very different"
"Ama bir kadının güzelliği çok farklı"

he knew a learned man who understood Greek
Yunanca anlayan bilgili bir adam tanıyordu
apparently the beautiful Cleopatra herself had a little nose!
Görünüşe göre güzel Kleopatra'nın kendisinin küçük bir burnu vardı!
The Prince gave him a nice present as a reward for the good news
Prens ona iyi haberin ödülü olarak güzel bir hediye verdi
he sent ambassadors to her castle
Şatosuna elçiler gönderdi
they asked the dear little Princess to marry the prince
Sevgili küçük prensesten prensle evlenmesini istediler
The King, her father, gave his consent
Kral, babası, onayını verdi
Prince Hyacinth immediately went to meet her
Prens Sümbül hemen onunla buluşmaya gitti
he advanced to kiss her hand
Elini öpmek için ilerledi
but suddenly there was a burst of smoke
ama aniden bir duman patlaması oldu
all that were there gasped in astonishment
orada bulunan her şey şaşkınlık içinde nefesini kesti
the enchanter had appeared as suddenly as a flash of lightning
Büyüleyici, aniden bir şimşek çakması gibi ortaya çıkmıştı
he snatched up the dear little Princess

Sevgili küçük prensesi yakaladı
and he whirled her away out of sight!
ve onu gözden kaçırdı!

The Prince was left quite inconsolable
Prens oldukça teselli edilemez kalmıştı
nothing could induce him to go back to his kingdom
Hiçbir şey onu krallığına geri dönmeye teşvik edemezdi
he had to find her again
onu tekrar bulmak zorunda kaldı
but he refused to allow any of his courtiers to follow him
ancak saray mensuplarından herhangi birinin kendisini

takip etmesine izin vermeyi reddetti
he mounted his horse and rode sadly away
atına bindi ve üzgün bir şekilde uzaklaştı
and he let the animal choose which path to take
ve hayvanın hangi yolu seçeceğini seçmesine izin verdi

he rode all the way to a great valley
Büyük bir vadiye kadar sürdü
he rode across it all day long
bütün gün boyunca karşıya geçti
and all day he didn't see a single house
Ve bütün gün tek bir ev bile görmedi
the horse and rider were terribly hungry
at ve binici korkunç derecede acıkmıştı
as the night fell, the Prince caught sight of a light
Gece çöktüğünde, Prens bir ışık gördü
it seemed to shine from a cavern
bir mağaradan parlıyor gibiydi
He rode up to the light
Işığa doğru sürdü
there he saw a little old woman
orada küçük yaşlı bir kadın gördü
she appeared to be at least a hundred years old
en az yüz yaşında görünüyordu
She put on her spectacles to look at Prince Hyacinth
Prens Sümbül'e bakmak için gözlüklerini taktı
it was quite a long time before she could secure her spectacles
gözlüklerini güvence altına alabilmesi için oldukça uzun zaman geçti
because her nose was very short!
çünkü burnu çok kısaydı!
so when they saw each other they burst into laughter

Bu yüzden birbirlerini gördüklerinde kahkahalara boğuldular
"Oh, what a funny nose!" they exclaimed at the same time
"Ah, ne komik bir burun!" diye bağırdılar aynı anda
"it's not as funny as your nose" said Prince Hyacinth to the Fairy
"Burnun kadar komik değil," dedi Prens Sümbül Peri'ye.
(because a fairy is what she was)
(çünkü bir peri neyse odur)
"madam, I beg you to leave the consideration of our noses"
"Hanımefendi, burnumuzun düşüncesini bırakmanız için yalvarıyorum"
"even though your nose is very funny"
"burnunuz çok komik olsa da"
"be good enough to give me something to eat"
"Bana yiyecek bir şeyler verecek kadar iyi ol"
"I had ridden all day and I am starving"
"Bütün gün bindim ve açlıktan ölüyorum"
"and my poor horse is starving too"
"Zavallı atım da açlıktan ölüyor"
the fairy replied to the prince
Peri prense cevap verdi
"your nose really is very ridiculous"
"burnunuz gerçekten çok saçma"
"but you are the son of my best friend"
"Ama sen benim en iyi arkadaşımın oğlusun"
"I loved your father as if he had been my brother"
"Babanı kardeşimmiş gibi sevdim"
"your father had a very handsome nose!"
"Babanın çok yakışıklı bir burnu vardı!"
the prince was baffled at what the fairy said

Prens, perinin söyledikleri karşısında şaşkına dönmüştü
"what does my nose lack?"
"Burnumda ne eksik?"
"Oh! it doesn't lack anything" replied the Fairy
"Ah! hiçbir eksiği yok." diye yanıtladı Peri
"On the contrary!"
"Tam tersine!"
"there is too much of your nose!"
"Burnundan çok fazla var!"
"But never mind about noses"
"Ama burunları boşver"
"one can be a very worthy man despite your nose being too long"
"Burnunun çok uzun olmasına rağmen çok değerli bir adam olabilir."
"I was telling you that I was your father's friend"
"Sana babanın arkadaşı olduğumu söylüyordum"
"he often came to see me in the old times"
"Eski zamanlarda sık sık beni görmeye gelirdi"
"and you must know that I was very pretty in those days"
"Ve o günlerde çok güzel olduğumu bilmelisin."
"at least, he used to say so"
"En azından öyle derdi"
"the last time I saw him there was a conversation we had"
"Onu en son gördüğümde yaptığımız bir konuşma vardı"
"I would like to tell you of this conversation"
"Size bu konuşmadan bahsetmek istiyorum"
"I would love to hear it" said the Prince
"Bunu duymak isterim," dedi Prens
"but let us please eat first"
"ama lütfen önce yiyelim"

"I have not eaten anything all day"
"Bütün gün hiçbir şey yemedim"
"The poor boy is right" said the Fairy
"Zavallı çocuk haklı," dedi Peri
"Come in, and I will give you some supper"
"İçeri gel, sana biraz akşam yemeği vereyim."
"while you are eating I can tell you my story"
"Sen yemek yerken sana hikayemi anlatabilirim"
"it is a story of very few words"
"Çok az kelimeden oluşan bir hikaye"
"because I don't like stories that go on for ever"
"çünkü sonsuza dek devam eden hikayeleri sevmiyorum"
"Too long a tongue is worse than too long a nose"
"Çok uzun bir dil, çok uzun bir burundan daha kötüdür"
"when I was young I was admired for not being a great chatterer"
"Gençken harika bir gevezelik yapmadığım için hayranlık uyandırdım"
"They used to tell the Queen, my mother, that it was so"
"Kraliçeye, anneme, bunun böyle olduğunu söylerlerdi."
"you see what I am now"
"şimdi ne olduğumu görüyorsun"
"but I was the daughter of a great king"
"Ama ben büyük bir kralın kızıydım"
My father..."
Babam..."
"Your father got something to eat when he was hungry!" interrupted the Prince
"Baban acıktığında yiyecek bir şeyler aldı!" diye sözünü kesti Prens
"Oh! certainly" answered the Fairy
"Ah! kesinlikle" diye yanıtladı Peri
"and you also shall have supper too"

"Ve sen de akşam yemeği yiyeceksin"
"I just wanted to tell you..." she continued
"Sadece sana söylemek istedim..." diye devam etti
"But I really cannot listen until I have had something to eat"
"Ama yiyecek bir şeyler yiyene kadar gerçekten dinleyemem."
the Prince was getting quite angry
Prens oldukça sinirleniyordu
but he remembered he had better be polite
ama kibar olmasının daha iyi olacağını hatırladı
he really needed the Fairy's help
Perinin yardımına gerçekten ihtiyacı vardı
"in the pleasure of listening to you I might forget my own hunger"
"Seni dinlemenin zevkiyle kendi açlığımı unutabilirim"
"but my horse cannot understand you"
"Ama atım seni anlayamıyor"
"he must have some food!"
"Biraz yiyeceği olmalı!"
The Fairy was very much flattered by this compliment
Peri bu iltifatla çok gururlandı
and she called to her servants
ve hizmetkarlarına seslendi
"You shall not wait another minute"
"Bir dakika daha beklemeyeceksiniz"
"you really are very polite"
"gerçekten çok kibarsın"
"and in spite of the enormous size of your nose you are really very nice"
"Ve burnunun muazzam büyüklüğüne rağmen gerçekten çok güzelsin"
"curse the old lady!" said the Prince to himself

"Yaşlı kadına lanet olsun!" dedi Prens kendi kendine;
"she won't stop going on about my nose!"
"Burnuma takılıp kalmayı bırakmayacak!"
"it's as if my nose had taken all the length her nose lacks!"
"Sanki burnum onun burnunda olmayan tüm uzunluğu almış gibi!"
"If I were not so hungry I would leave this chatterpie"
"Eğer o kadar aç olmasaydım bu gevezeliği terk ederdim"
"she even thinks she talks very little!"
"Çok az konuştuğunu bile düşünüyor!"
"why can stupid people not to see their own faults!"
"Neden aptal insanlar kendi hatalarını göremiyorlar!"
"That is what happens when you are a princess"
"Prenses olduğunda olan budur"
"she has been spoiled by flatterers"
"tarafından şımartıldı"
"they have made her believe that she is a moderate talker!"
"Onu ılımlı bir konuşmacı olduğuna inandırdılar!"

Meanwhile, the servants were putting the supper on the table
Bu arada, hizmetçiler akşam yemeğini masaya koyuyorlardı
the fairy asked them a thousand questions
Peri onlara binlerce soru sordu
the prince found this very amusing
Prens bunu çok eğlenceli buldu
because really she just wanted to hear herself speak
çünkü gerçekten sadece kendisinin konuştuğunu duymak istiyordu
there was one maid the prince especially noticed

Prensin özellikle fark ettiği bir hizmetçi vardı
she always found a way to praise her mistress's wisdom
Her zaman metresinin bilgeliğini övmenin bir yolunu buldu
as he ate his supper he thought, "I'm very glad I came here"
Akşam yemeğini yerken, "Buraya geldiğime çok sevindim" diye düşündü
"This shows me how sensible I have been"
"Bu bana ne kadar mantıklı olduğumu gösteriyor"
"I have never listened to flatterers"
"hiç dinlemedim"
"People of that sort praise us to our faces without shame"
"Bu tür insanlar utanmadan yüzümüze kadar övüyorlar"
"and they hide our faults"
"Ve hatalarımızı gizliyorlar"
"or they change our faults into virtues"
"ya da hatalarımızı erdemlere dönüştürüyorlar"
"I will never believe people who flatter me"
"Beni pohpohlayan insanlara asla inanmayacağım"
"I know my own defects, I hope"
"Kendi kusurlarımı biliyorum, umarım"
Poor Prince Hyacinth really believed what he said
Zavallı Prens Sümbül söylediklerine gerçekten inandı
he didn't know that the people laughed at him
Halkın ona güldüğünü bilmiyordu
they praised his nose when they were with him
onunla birlikteyken burnunu övdüler
but when he wasn't there, they mocked his nose
ama orada olmadığı zaman, burnuyla alay ettiler
and the Fairy's maid were laughing at her the same way
Perinin hizmetçisi de ona aynı şekilde gülüyordu

the Prince had seen one of the maids laugh slyly
Prens hizmetçilerden birinin sinsice güldüğünü görmüştü
she thought she could do so without the Fairy noticing her
Peri onu fark etmeden bunu yapabileceğini düşündü
However, he said nothing
Ancak, hiçbir şey söylemedi
and his hunger was beginning to be appeased
ve açlığı yatıştırılmaya başlamıştı
soon the fairy started speaking again
Kısa süre sonra peri tekrar konuşmaya başladı
"My dear Prince, would you please move a little more that way"
"Sevgili Prensim, lütfen biraz daha bu şekilde hareket eder misin?"
"your nose casts a very long shadow"
"burnunuz çok uzun bir gölge oluşturuyor"
"I really cannot see what I have on my plate"
"Tabağımda ne olduğunu gerçekten göremiyorum"

the prince proudly obliged the fairy
Prens gururla periye mecbur kaldı
"Now let us speak of your father"
"Şimdi babandan bahsedelim"
"When I went to his Court he was only a young man"
"Mahkemesine gittiğimde o sadece genç bir adamdı"
"but that was some years ago"
"ama bu birkaç yıl önceydi"
"I have been in this desolate place ever since"
"O zamandan beri bu ıssız yerdeyim"
"Tell me what goes on nowadays"
"Bana bugünlerde neler olup bittiğini anlat"
"are the ladies as fond of amusement as ever?"
"Bayanlar eğlenceye her zamanki gibi düşkün mü?"
"In my time I saw them at parties every day"
"Benim zamanımda onları her gün partilerde gördüm"
"Goodness me! what a long nose you have!"
"Aman Tanrım! Ne kadar uzun bir burnun var!"
"I cannot get used to it!"
"Buna alışamıyorum!"
"Please, madam" said the Prince
"Lütfen, hanımefendi," dedi Prens
"I wish you would refrain from mentioning my nose"
"Keşke burnumdan bahsetmekten kaçınsaydın"
"It cannot matter to you what it is like"
"Nasıl bir şey olduğu sizin için önemli değil"
"I am quite satisfied with it"
"Bundan oldukça memnunum"
"and I have no wish to have a shorter nose"
"ve daha kısa bir buruna sahip olmak istemiyorum"
"One must take what one is given"
"Kişi kendisine verileni almalıdır"

"Now you are angry with me, my poor Hyacinth" said the Fairy
"Şimdi bana kızgınsın, zavallı Sümbül'üm," dedi Peri
"I assure you that I didn't mean to vex you"
"Sizi temin ederim ki sizi kızdırmak istemedim."
"it is on the contrary; I wished to do you a service"
"Tam tersine; Sana bir hizmet yapmak istedim"
"I cannot help your nose being a shock to me"
"Burnunun benim için bir şok olmasına yardım edemem"
"so I will try not to say anything about it"
"Bu yüzden bu konuda hiçbir şey söylememeye çalışacağım"
"I will even try to think that you have an ordinary nose"
"Sıradan bir burnunuz olduğunu bile düşünmeye çalışacağım"
"but I must tell you the truth"
"Ama sana gerçeği söylemeliyim"
"you could make three reasonable noses out of your nose"
"burnundan üç makul burun çıkarabilirsin"
The Prince was no longer hungry
Prens artık aç değildi
he had grown impatient at the Fairy's continual remarks about his nose
Peri'nin burnuyla ilgili sürekli sözleri karşısında sabırsızlanmıştı
finally he jumped back upon his horse
Sonunda atının üzerine atladı
and he rode hastily away
ve aceleyle uzaklaştı
But wherever he came in his journey he thought the people were mad
Ama yolculuğunda nereye gelirse gelsin, insanların deli

olduğunu düşünüyordu
because they all talked of his nose
çünkü hepsi onun burnundan bahsediyordu
and yet he could not bring himself to admit that it was too long
ama yine de çok uzun olduğunu kabul etmeye kendini getiremedi
he was used to always being called handsome
Her zaman yakışıklı olarak adlandırılmaya alışkındı

The old Fairy wished to make the prince happy
Yaşlı Peri prensi mutlu etmek istiyordu
and at last she decided on a suitable plan
ve sonunda uygun bir plana karar verdi
she built a palace made of crystal
kristalden yapılmış bir saray inşa etti
and she shut the dear little Princess up in the palace
ve sevgili küçük prensesi saraya kapattı
and she put this palace where the Prince would not fail to find it
ve bu sarayı Prens'in bulamayacağı bir yere koydu
His joy at seeing the Princess again was extreme
Prensesi tekrar görmekten duyduğu sevinç aşırıydı
and he set to work with all his might to try to break her prison
ve hapishanesini kırmak için tüm gücüyle çalışmaya başladı
but in spite of all his efforts he failed
Ancak tüm çabalarına rağmen başarısız oldu
he despaired at his situation
Durumundan umutsuzluğa kapıldı
but perhaps he could at least speak to the dear little Princess

ama belki de en azından sevgili küçük prensesle konuşabilirdi
meanwhile the princess stretched out her hand
Bu sırada prenses elini uzattı
she held her hand out so that he could kiss her hand
Elini öpebilmesi için elini uzattı
he turned his lips in every direction
dudaklarını her yöne çevirdi
but he never managed to kiss the princess' hand
Ama prensesin elini öpmeyi asla başaramadı
because his long nose always prevented it
çünkü uzun burnu bunu hep engelliyordu
For the first time he realized how long his nose really was
İlk kez burnunun gerçekte ne kadar uzun olduğunu fark etti
"well, it must be admitted that my nose is too long!"
"Eh, kabul etmeliyim ki burnumun çok uzun!"
In an instant the crystal prison flew into a thousand splinters
Bir anda kristal hapishane bin parçaya uçtu
and the old Fairy took the dear little Princess by the hand
ve yaşlı peri sevgili küçük prensesin elinden tuttu
"you may disagree with me, if you like"
"İsterseniz benimle aynı fikirde olmayabilirsiniz"
"it did not do much good for me to talk about your nose!"
"Burnun hakkında konuşmak bana pek iyi gelmedi!"
"I could have talked about your nose for days"
"Günlerce burnun hakkında konuşabilirdim"
"you would never have found out how extraordinary it was"

"Ne kadar olağanüstü olduğunu asla öğrenemezdin"
"but then it hindered you from doing what you wanted to"
"Ama sonra istediğin şeyi yapmanı engelledi"
"You see how self-love keeps us from knowing our own defects"
"Kendini sevmenin bizi kendi kusurlarımızı bilmekten nasıl alıkoyduğunu görüyorsunuz."
"the defects of the mind, and body"
"Zihnin ve bedenin kusurları"
"Our reasoning tries in vain to show us our defects"
"Akıl yürütmemiz bize kusurlarımızı göstermek için boşuna uğraşıyor"
"but we refuse to see our flaws"
"Ama kusurlarımızı görmeyi reddediyoruz"
"we only see them when they get in the way"
"Onları sadece engel olduklarında görüyoruz"
now Prince Hyacinth's nose was just like everyone else's
şimdi Prens Sümbül'ün burnu da herkesinki gibiydi
he did not fail to profit by the lesson he had received
aldığı dersten yararlanmayı ihmal etmedi
He married the dear little princess
Sevgili küçük prensesle evlendi
and they lived happily ever after
Ve sonsuza dek mutlu yaşadılar

The End / Son

www.ingramcontent.com/pod-product-compliance
Lightning Source LLC
Chambersburg PA
CBHW030136100526
44591CB00009B/691